Un cahier écrit par
Florence Doutremepuich
et **Françoise Perraud**
institutrices

et illustré par
Anne de Chambourcy
et **François Daniel**

Pourquoi un cahier d'activités en Grande Section de Maternelle ?

Conformément au programme officiel de l'Éducation nationale, 1, 2, 3 Maternelle - Grande Section réunit tous les objectifs pédagogiques à atteindre dans les cinq matières importantes de l'école maternelle : écriture, maths, lecture, langage et découverte.

écriture/graphisme

Les activités de graphisme permettent d'améliorer les compétences nécessaires à l'apprentissage de l'écriture. Il s'agit d'abord de maîtriser les principaux éléments graphiques, de reproduire des lettres et des mots simples puis de courtes phrases en cursive.

maths

Faire des mathématiques en Grande Section consiste avant tout à connaître la suite des premiers nombres jusqu'à 20, à commencer à compter, comparer des quantités, reconnaître des formes géométriques, ranger et classer...

lecture

L'apprentissage de la lecture en Grande Section permet de développer la faculté d'observation, la prise d'indices sur l'écrit ainsi que l'écoute des sons et incite l'enfant à la recherche de sens.

langage

Écouter une histoire permet à l'enfant d'enrichir son vocabulaire et ses structures syntaxiques. Répondre à des questions développe l'attention et la compréhension du récit.

découverte

Cette matière permet à l'enfant de mieux comprendre son environnement, appréhender l'espace qui l'entoure : connaître les animaux, se repérer dans l'espace et dans le temps...

Ce cahier permet à votre enfant de :
- prolonger ses acquis scolaires à la maison,
- maîtriser les compétences du programme,
- réussir en Grande Section de Maternelle et préparer son entrée au CP.

Page après page, votre enfant retrouvera les jumeaux **Léo et Léa** au jardin, à la ferme, au zoo... Ces **compagnons de jeux et d'apprentissage** lui donneront l'envie d'apprendre et d'aller plus loin. Votre enfant retrouvera également en haut de chaque page **Gribouille la grenouille** ou **Pélagie la girafe**, qui lui permettront de **repérer la discipline travaillée**.

Comment utiliser ce cahier ?

Pour suivre les progrès de votre enfant, nous vous proposons un rythme de **3 pages par semaine**, avec en alternance un exercice d'écriture, un exercice de lecture et un exercice de langage, maths ou découverte.

Il est souhaitable de respecter la progression proposée dans le cahier, mais votre enfant peut également choisir la matière et l'activité qu'il a envie de réviser.

écriture/graphisme

- ▶ tracer des ronds .... p. 5
- ▶ tracer des lignes courbes .... p. 9
- ▶ tracer des traits entre deux lignes .... p. 12
- ▶ tracer des boucles .... p. 15
- ▶ tracer des traits verticaux et des spirales .... p. 16
- ▶ reproduire des motifs .... p. 21
- ▶ écrire les chiffres 0 et 1 .... p. 25
- ▶ écrire les chiffres 2 et 3 .... p. 28
- ▶ écrire les chiffres 4 et 5 .... p. 30
- ▶ écrire les chiffres 6 et 7 .... p. 33
- ▶ écrire les chiffres 8 et 9 .... p. 36
- ▶ écrire la lettre e .... p. 38
- ▶ écrire les lettres i et u .... p. 40
- ▶ écrire les lettres o et a .... p. 42
- ▶ écrire les lettres n et m .... p. 46
- ▶ écrire les lettres t et d .... p. 52
- ▶ écrire les lettres l et b et des mots .... p. 55
- ▶ écrire les lettres r et s et des mots .... p. 58
- ▶ écrire les lettres p et q et des mots .... p. 61
- ▶ écrire les lettres c et x et des mots .... p. 64
- ▶ écrire la lettre f et des mots .... p. 68
- ▶ écrire les lettres h et k et des mots .... p. 71
- ▶ écrire les lettres j et g et des mots .... p. 74
- ▶ écrire les lettres v et w et des mots .... p. 77
- ▶ écrire les lettres y et z et des mots .... p. 80
- ▶ écrire une phrase (1) .... p. 83
- ▶ écrire une phrase (2) .... p. 86
- ▶ écrire des phrases (1) .... p. 89
- ▶ écrire des phrases (2) .... p. 92
- ▶ écrire des phrases (3) .... p. 95

lecture

- ▶ reconnaître des mots (1) .... p. 7
- ▶ retrouver les éléments d'un dessin .... p. 10
- ▶ distinguer l'écriture d'imprimerie de l'écriture cursive .... p. 13
- ▶ reconnaître le son « i » .... p. 17
- ▶ retrouver l'ordre d'une histoire (1) .... p. 18
- ▶ reconnaître des mots (2) .... p. 20
- ▶ retrouver un mot dans différentes écritures (1) .... p. 22
- ▶ retrouver des dessins identiques .... p. 24
- ▶ reconnaître le son « a » .... p. 27
- ▶ retrouver l'ordre d'une histoire (2) .... p. 32
- ▶ retrouver les lettres qui composent un mot .... p. 34
- ▶ retrouver la forme d'un mot .... p. 37
- ▶ reconnaître un mot dans un texte (1) .... p. 41
- ▶ comparer des images (1) .... p. 44
- ▶ reconnaître des mots (3) .... p. 47
- ▶ reconnaître le son « o » .... p. 51
- ▶ comparer des images (2) .... p. 54
- ▶ reconnaître un mot dans un texte (2) .... p. 57
- ▶ comparer des images (3) .... p. 59
- ▶ reconstituer une phrase .... p. 62
- ▶ reconnaître le son « ch » .... p. 65
- ▶ retrouver une même lettre dans différents mots .. p. 70
- ▶ retrouver l'ordre d'une histoire (3) .... p. 73
- ▶ retrouver un mot dans différentes écritures (2) .... p. 76
- ▶ comparer des images (4) .... p. 78
- ▶ reconnaître la syllabe « ma » .... p. 82
- ▶ distinguer des sons ressemblants « p » et « b » ... p. 85
- ▶ comparer des mots ressemblants .... p. 88
- ▶ reconnaître des mots dans un texte .... p. 91
- ▶ repérer la place d'un mot dans une phrase .... p. 94

maths

- ▶ compter jusqu'à 5 .... p. 6
- ▶ compter jusqu'à 6 (1) .... p. 11
- ▶ se repérer sur un quadrillage .... p. 19
- ▶ utiliser un code .... p. 26
- ▶ compter jusqu'à 6 (2) .... p. 31
- ▶ continuer une suite logique .... p. 35
- ▶ compter jusqu'à 9 .... p. 43
- ▶ résoudre un problème .... p. 45
- ▶ additionner .... p. 48
- ▶ comparer des longueurs .... p. 53
- ▶ compter jusqu'à 10 .... p. 56
- ▶ utiliser un tableau à double entrée .... p. 60
- ▶ connaître l'ordre des nombres .... p. 63
- ▶ reconnaître des formes .... p. 69
- ▶ compter jusqu'à 12 .... p. 72
- ▶ additionner et soustraire .... p. 79
- ▶ se repérer sur un calendrier .... p. 81
- ▶ reproduire des formes en les traçant à la règle .. p. 84
- ▶ composer des suites différentes à partir des mêmes motifs .... p. 87
- ▶ ranger dans l'ordre croissant ou décroissant ...... p. 90
- ▶ compter jusqu'à 20 .... p. 93

langage

- ▶ comprendre un récit (1) .... p. 4
- ▶ comprendre un récit (2) .... p. 49
- ▶ comprendre un récit (3) .... p. 67

découverte

- ▶ se déplacer sur un plan (1) .... p. 8
- ▶ utiliser les notions avant / après .... p. 14
- ▶ se repérer dans l'espace - utiliser les notions sur / sous .. p. 23
- ▶ se repérer dans l'espace - utiliser un vocabulaire précis .. p. 29
- ▶ reconnaître les saisons .... p. 39
- ▶ se déplacer sur un plan (2) .... p. 50
- ▶ se repérer dans l'espace - utiliser les notions à l'intérieur / à l'extérieur .... p. 66
- ▶ se repérer dans l'espace - utiliser les notions gauche / droite .... p. 75

Édition et coordination : Blandine Renard – 45° Nord
Conception graphique et réalisation intérieur : Facompo
Pictogrammes : Anouk Ricard

© Hatier, Paris, 2007   ISBN : 2-218-92498-6
Toute représentation, traduction, adaptation ou reproduction, même partielle, par tous procédés, en tout pays, faite sans autorisation préalable est illicite et exposerait le contrevenant à des poursuites judiciaires. Réf. loi du 11 mars 1957, alinéas 2 et 3 de l'article 41.
Une représentation ou reproduction sans autorisation de l'éditeur ou du Centre français d'exploitation du droit de copie (20, rue des Grands-Augustins, 75006 Paris) constituerait une contrefaçon sanctionnée par les articles 425 et suivants du Code pénal.

4
langage
▶ COMPRENDRE UN RÉCIT

Écoute bien cette histoire puis réponds aux questions.

Le pique-nique

Léo et Léa partent faire un pique-nique dans la forêt. Ils aimeraient bien apercevoir des écureuils et ils observent silencieusement les arbres ; mais les écureuils sont très craintifs et restent cachés. Léo et Léa sont un peu déçus. Ils arrivent alors au bord d'un petit étang.

– Ça y est, on est arrivé, installons-nous ici pour pique-niquer, dit Léa.
– Ah oui, je meurs de faim !, répond Léo qui commence aussitôt à manger son sandwich.
– Ne bouge pas !, dit soudain Léa en chuchotant, nous avons un invité surprise…
Léo se retourne doucement et voit un adorable petit lapin juste à quelques mètres d'eux. Léa tend un morceau de pain en espérant que le lapin s'approche encore plus près. Mais apeuré, il détale jusque dans son terrier.
– Nous avons raté les écureuils mais nous aurons quand même vu un lapin de près !, s'exclame Léo tout content.

Quel animal Léo et Léa aimeraient-ils voir ? Entoure la bonne réponse.

Comment se termine l'histoire ?
1. Le lapin mange le morceau de pain. ☐
2. Le lapin vient se faire caresser par Léo. ☐
3. Le lapin s'enfuit. ☐

5
graphisme

▶ TRACER DES RONDS

Repasse sur les pontillés et dessine d'autres bulles de savon. Puis entraîne-toi à tracer des ronds entre les 2 lignes.

6
maths
▶ COMPTER JUSQU'À 5

Dessine sur chaque coccinelle le nombre de points qu'il y a sur le domino.

7
lecture

▶ RECONNAÎTRE DES MOTS

Colorie en rouge les enveloppes adressées à Léa et en bleu celles adressées à Léo.

8
découverte

▶ SE DÉPLACER SUR UN PLAN

Trace le chemin que Léo et Léa vont suivre pour aller à l'école.

graphisme

▶ TRACER DES LIGNES COURBES

Continue de dessiner les sauts de Léo.
Puis dessine entre les lignes. Fais de même pour l'escargot.

10
lecture

▶ RETROUVER LES ÉLÉMENTS D'UN DESSIN

Retrouve sur la grande image les petits dessins encadrés. Montre où ils se trouvent et relie-les.

11
maths

▶ COMPTER JUSQU'À 6

Compte les pattes de chaque animal.
Puis relie l'animal au nombre que tu as trouvé.

12
graphisme

▶ TRACER DES TRAITS ENTRE DEUX LIGNES

Commence par repasser sur les pointillés puis continue seul de dessiner la toile d'araignée.

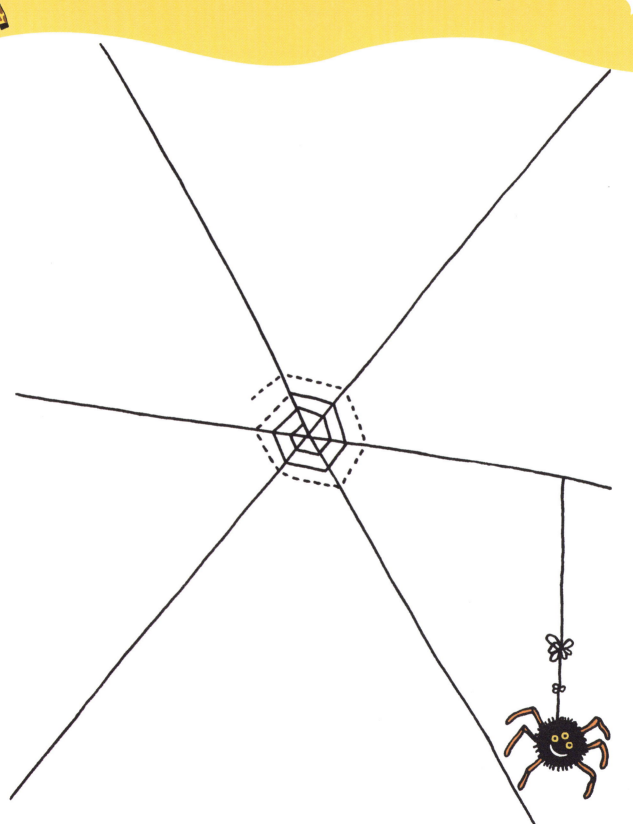

13
lecture

▶ DISTINGUER L'ÉCRITURE D'IMPRIMERIE DE L'ÉCRITURE CURSIVE

Colorie en jaune les étiquettes avec les noms écrits en caractères d'imprimerie et en vert celles avec les noms écrits en cursive.

14
découverte

▶ UTILISER LES NOTIONS AVANT / APRÈS

Observe Léo et Léa dans le grand dessin puis dans les deux petites images. Entoure en rouge l'image qui montre ce qu'ils font avant le grand dessin puis en bleu celle qui montre ce qu'ils font après.

15
graphisme

▶ TRACER DES BOUCLES

Continue de dessiner le chemin de l'abeille et du papillon.
Puis trace des boucles entre les deux lignes selon le modèle.

16
graphisme

▶ TRACER DES TRAITS VERTICAUX ET DES SPIRALES

Continue de dessiner les piquants des hérissons et la coquille des escargots.
Dessine des traits puis des spirales entre les lignes.

17
lecture

▶ RECONNAÎTRE LE SON « I »

Dis le nom des animaux qui sont dessinés.
Si tu endends le son « i », entoure-les.

18
lecture

▶ RETROUVER L'ORDRE D'UNE HISTOIRE

Regarde bien les images et retrouve l'ordre de l'histoire.
Entoure en vert l'image du début et en bleu l'image de la fin.

19 maths

▶ SE REPÉRER SUR UN QUADRILLAGE

Observe bien les dessins qui sont sur le dos de la tortue. Dessine-les aux mêmes endroits sur le dos de l'autre tortue.

20 lecture

▶ RECONNAÎTRE DES MOTS

Sur les autocollants, retrouve le nom des fleurs écrit sur les sachets de graines. Puis colle-les au bon endroit.

coquelicots — pâquerettes — pensées — bleuets

21 graphisme

▶ REPRODUIRE DES MOTIFS

Décore les ailes des papillons selon le modèle.

22 lecture

▶ RECONNAÎTRE UN MOT DANS DIFFÉRENTES ÉCRITURES

Retrouve les livres qui racontent la même histoire et relie-les par un trait.

23
découverte

▶ SE REPÉRER DANS L'ESPACE – UTILISER LES NOTIONS SUR / SOUS

Colorie en jaune les insectes qui sont sur les feuilles et en marron les insectes qui sont sous les feuilles.

24
lecture

▶ RETROUVER DES DESSINS IDENTIQUES

Pour chaque famille, retrouve l'animal identique à celui qui est encadré. Entoure-le.

25
écriture

▶ ÉCRIRE LES CHIFFRES 0 ET 1

Comme Léo et Léa, entraîne-toi à écrire les chiffres 0 et 1 en suivant bien les modèles.

26
maths

▶ UTILISER UN CODE

Complète les petits carrés du code selon les couleurs indiquées.
Puis colorie le grand dessin en respectant les couleurs.

bleu   jaune   rose   blanc   rouge   vert

27
lecture

▶ RECONNAÎTRE LE SON « A »

Nomme ce qui est dessiné.
Si tu endends le son « a », entoure le dessin.

28
écriture

▶ ÉCRIRE LES CHIFFRES 2 ET 3

Comme Léo et Léa, entraîne-toi à écrire 2 et 3 en suivant bien les modèles.

2   2

2   2

3   3

3   3

29
découverte

▶ SE REPÉRER DANS L'ESPACE – UTILISER UN VOCABULAIRE PRÉCIS

Colorie en vert la grenouille qui est entre Léa et Léo, en bleu le canard qui est au bord de l'étang et en marron les canards qui nagent sur l'étang.

30
écriture

▶ ÉCRIRE LES CHIFFRES 4 ET 5

Comme Léo et Léa, entraîne-toi à écrire les chiffres 4 et 5 en suivant bien les modèles.

31
maths

▶ COMPTER JUSQU'À 6

Comme sur l'exemple, entoure le nénuphar sur lequel arrivera chaque grenouille.

32
lecture

▶ RETROUVER L'ORDRE D'UNE HISTOIRE

Retrouve l'ordre de la transformation du têtard.
Numérote les dessins de 1 à 4.

33
écriture

▶ ÉCRIRE LES CHIFFRES 6 ET 7

Comme Léo et Léa, entraîne-toi à écrire les chiffres 6 et 7 en suivant bien les modèles.

C C

6 6

7 7

7 7

34
lecture

▶ RETROUVER LES LETTRES QUI COMPOSENT UN MOT

Retrouve, sur les feuilles de l'arbre, les lettres qui composent les mots écrits en bas de page.
Colorie en jaune les feuilles du mot **ARBRE**, en vert celles de **FLEUR** et en bleu celles de **LÉO**.

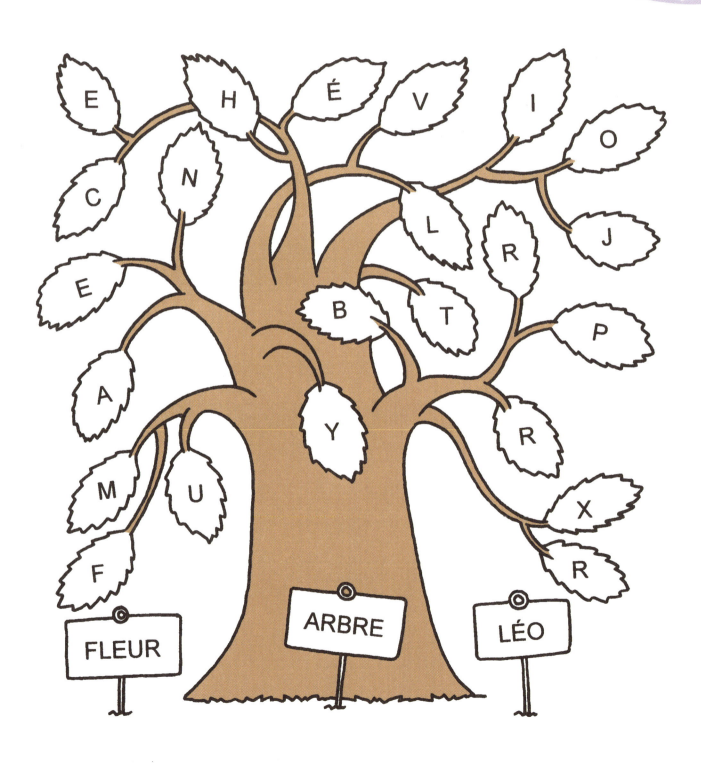

35
maths

▶ CONTINUER UNE SUITE LOGIQUE

Observe la suite de canards et continue-la en coloriant selon l'exemple.
Observe les autres suites et continue-les en utilisant les autocollants.

36
écriture

▶ ÉCRIRE LES CHIFFRES 8 ET 9

Comme Léo et Léa, entraîne-toi à écrire les chiffres 8 et 9 en suivant bien les modèles.

S S

8 8

O O

9 9

37
lecture

▶ RETROUVER LA FORME D'UN MOT

Relie les mots à leur silhouette comme sur le modèle.

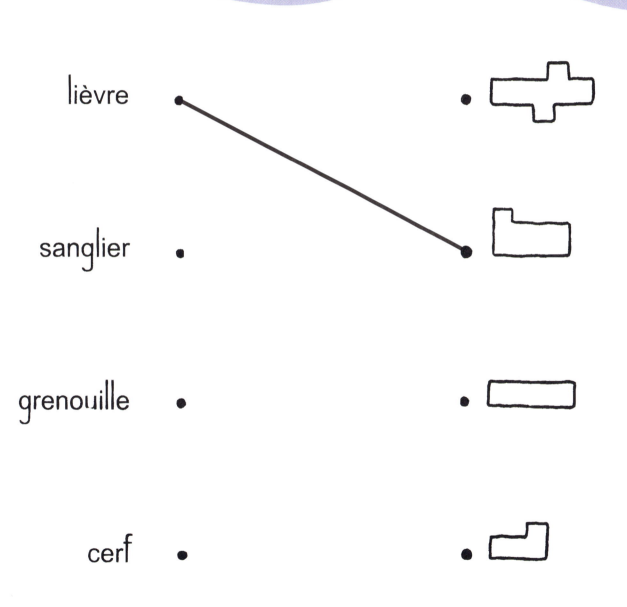

38
écriture

▶ ÉCRIRE LA LETTRE e

Comme Léa et Léo, entraîne-toi à écrire la lettre e en suivant bien les modèles.

39
découverte

▶ RECONNAÎTRE LES SAISONS

Observe ces images et reconnais les quatre saisons.
Colorie le cadre des images en vert, pour le printemps,
en jaune, pour l'été, en orange, pour l'automne
et en marron, pour l'hiver.

40
écriture

▶ ÉCRIRE LES LETTRES *i* ET *u*

Comme Léo et Léa, entraîne-toi à écrire les lettres *i* et *u* en suivant les modèles.

u, i, u, i, , , ,

41
lecture

▶ RECONNAÎTRE UN MOT DANS UN TEXTE

Retrouve le mot **Noël** sur chacun de ces livres et entoure-le.

42
écriture

▶ ÉCRIRE LES LETTRES o ET a

Comme Léo et Léa, entraîne-toi à écrire les o et a en suivant bien les modèles.

43
maths

▶ COMPTER JUSQU'À 9

Compte combien il y a de boules, d'étoiles, de lunes et de petits cadeaux accrochés au sapin de Noël. Écris le nombre dans les cases.

| 1 | 2 | 3 | 4 | 5 | 6 | 7 | 8 | 9 |

44
lecture

▶ COMPARER DES IMAGES

Cherche les six différences entre ces deux images.
Entoure ce qui a changé dans l'image du bas.

45
maths

▶ RÉSOUDRE UN PROBLÈME

Léa a partagé la galette pour que 6 enfants aient la même part. Relie Léa à la galette qu'elle a coupée.

46
écriture

▶ ÉCRIRE LES LETTRES n ET m

Comme Léo et Léa, entraîne-toi à écrire les lettres n et m en suivant bien les modèles.

nn

nn

n n n · · ·

m m m · · ·

n, m, n, m, ,

47
lecture

▶ RECONNAÎTRE DES MOTS

Aide Léa et Léo à retrouver le panneau
qui indique la direction du zoo.
Colorie-le en jaune.
Sur la publicité, retrouve le mot **ZOO** et entoure-le.

Visitez le zoo et découvrez les animaux du monde.
Une journée au zoo est un souvenir inoubliable.

Vive le zoo !

Le directeur du zoo

48
maths
▶ ADDITIONNER

Léo et Léa payent 3 € chacun l'entrée du zoo. Colorie en rouge les pièces de 1 € pour payer l'entrée de Léa et en bleu celles pour payer l'entrée de Léo. Puis compte toutes les pièces coloriées et entoure ce nombre dans la bande numérique.

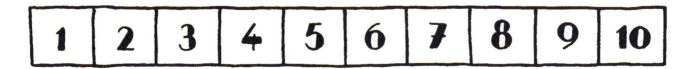

langage

▶ COMPRENDRE UN RÉCIT

Écoute bien cette histoire puis réponds aux questions.

Au zoo

Cet après-midi, Léo et Léa visitent le zoo. Après avoir vu les éléphants et les girafes, ils arrivent devant la cage des singes. Léo trouve très drôles les deux singes qui se poursuivent en se balançant de branche en branche. Mais Léa préfère regarder une maman qui laisse son petit lui grimper sur la tête et lui tirer les oreilles.

– Passe-moi l'appareil photo, je vais prendre les petits singes rigolos !, dit Léo à sa sœur.

Il s'approche alors tout près de la cage, mais… hop ! l'un des deux coquins passe son bras à travers les grilles et attrape la casquette de Léo.

– Au voleur !, crie Léo fâché. Et il suit des yeux les deux singes qui se lancent la casquette en chahutant de plus belle. Puis l'un d'eux la met sur sa tête et regarde Léo en faisant des grimaces.

Léo ne peut s'empêcher d'éclater de rire : « Allez garde-la si elle te plaît tant que ça. Je vais même te prendre en photo ! ».

Devant quelle cage Léo et Léa s'arrêtent-ils ? Entoure la bonne réponse.

Comment se termine l'histoire ?

1. Léa appelle le gardien. ❑
2. Léo laisse sa casquette au singe. ❑
3. Le singe rend sa casquette à Léo. ❑

50
découverte

▶ SE DÉPLACER SUR UN PLAN

Trace en bleu le chemin pour aller voir les crocodiles.
Trace en rouge le chemin pour aller voir les zèbres.

51
lecture

▶ RECONNAÎTRE LE SON « O »

Nomme les animaux du zoo.
Si tu entends le son « o », entoure-les.

52
écriture

▶ ÉCRIRE LES LETTRES t ET d

Comme Léo et Léa, entraîne-toi à écrire les lettres t et d en suivant bien les modèles.

a b c

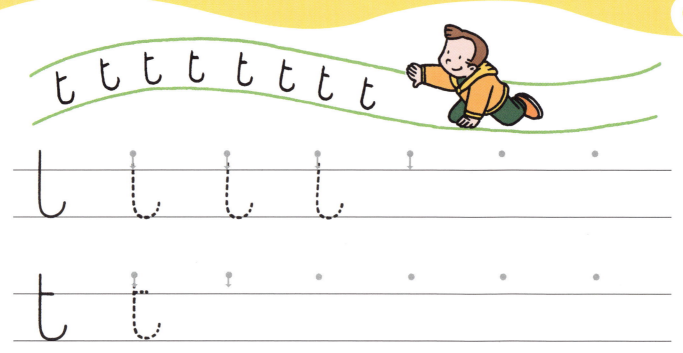

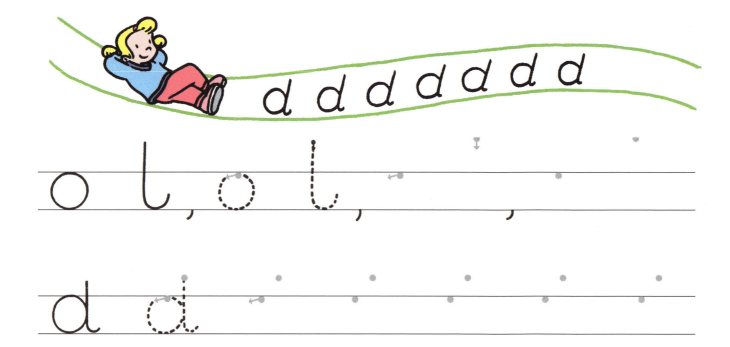

53 maths

▶ COMPARER DES LONGUEURS

Relie chaque girafe à l'échelle qui lui correspond.

54
lecture

▶ COMPARER DES IMAGES

Essaie de reconnaître ce que chacune des autruches a avalé. Colle l'autocollant de cet objet à côté de la bonne autruche.

55
écriture

▶ ÉCRIRE LES LETTRES *l* ET *b* ET DES MOTS

Comme Léo, entraîne-toi à écrire les lettres *l* et *b* en suivant bien les modèles. Puis recopie les mots.

56
maths

▶ COMPTER JUSQU'À 10

Donne à chacun des singes le nombre de bananes qui est écrit à côté de lui.
Pour cela, colle le bon nombre d'autocollants.

| 1 | 2 | 3 | 4 | 5 | 6 | 7 | 8 | 9 | 10 |

57
lecture

▶ RECONNAÎTRE UN MOT DANS UN TEXTE

Entoure le mot **OURS** chaque fois que tu le vois dans le texte.

L'ours de Ceylan au long museau se nourrit de fourmis.

Pour le déjeuner, l'ours à lunettes préfère les pousses de bambou.

Attention au grizzly, c'est l'ours le plus dangereux !

Tous les matins, les mamans ours font la toilette des bébés ours.

58
écriture

▶ ÉCRIRE LES LETTRES r ET s ET DES MOTS

Comme Léa, entraîne-toi à écrire les lettres r et s en suivant bien les modèles. Puis recopie les mots.

r

s

rs

l'ours

59
lecture

▶ COMPARER DES IMAGES

Dans chaque famille, un seul animal est différent.
Retrouve-le et barre-le.

60 maths

▶ UTILISER UN TABLEAU À DOUBLE ENTRÉE

Observe les animaux en train de manger.
Puis continue de indiquer sur le tableau
ce que mange chaque animal
en dessinant une croix dans les bonnes cases.

61
écriture

▶ ÉCRIRE LES LETTRES p ET q ET DES MOTS

Comme Léo, entraîne-toi à écrire les lettres p et q en respectant bien les modèles. Puis recopie les mots.

le perroquet

62 lecture

▶ RECONSTITUER UNE PHRASE

Colle les autocollants des mots dans le bon ordre pour retrouver la même phrase.

Viens fêter notre anniversaire samedi à 15 heures !

63
maths

▶ CONNAÎTRE L'ORDRE DES NOMBRES

Relie les points dans l'ordre des nombres, de 1 jusqu'à 12.
Tu découvriras les cadeaux d'anniversaire de Léo et Léa.

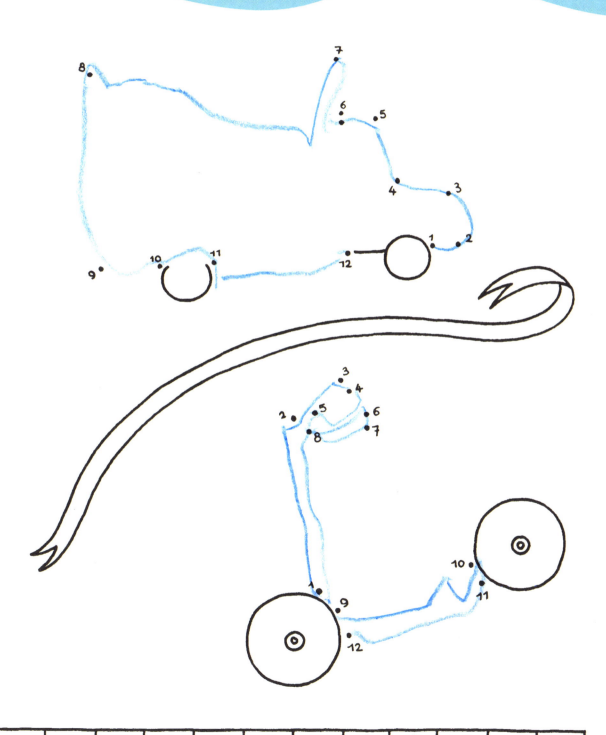

| 1 | 2 | 3 | 4 | 5 | 6 | 7 | 8 | 9 | 10 | 11 | 12 |

64
écriture

▶ ÉCRIRE LES LETTRES c ET x ET DES MOTS

Comme Léa, entraîne-toi à écrire les lettres c et x en suivant bien les modèles. Puis recopie les mots.

les cadeaux

65
lecture

▶ RECONNAÎTRE LE SON « CH »

Dis le nom des animaux qui sont dessinés.
Si tu entends le son « ch », entoure-les.

66
découverte

▶ SE REPÉRER DANS L'ESPACE – UTILISER LES NOTIONS INTÉRIEUR / EXTÉRIEUR

Colorie en rose les cochons qui sont restés à l'intérieur de l'enclos, et en marron ceux qui sont à l'extérieur.

langage

▶ COMPRENDRE UN RÉCIT

Écoute bien cette histoire puis réponds aux questions.

Surprise au poulailler

Comme tous les matins, Léo et Léa vont ramasser les œufs dans le poulailler. La fermière leur a montré comment faire pour ne pas déranger les poules. Ils posent délicatement les œufs dans le panier. Soudain Léa appelle son frère :
– Viens vite voir ! J'ai trouvé un œuf énorme !
– Et moi, j'en ai un rouge avec des pois verts…
– Regarde là-bas, il y en a plein de minuscules ! Mais qu'est-ce qui se passe ce matin ? Elles sont devenues folles ces poules !
La fermière qui les observait entre en riant dans le poulailler :
– Et alors les enfants, vous avez oublié quel jour on est ?
– Mais oui, c'est Pâques ! Ces œufs sont en chocolat, allons vite les manger !, s'écrient les deux enfants gourmands.

Quels drôles d'œufs trouvent Léo et Léa ?
Entoure la bonne réponse.

Comment se termine l'histoire ?
1. La fermière fait une omelette.   ❏
2. Les enfants mangent les œufs en chocolat.   ❏
3. Léo renverse le panier d'œufs.   ❏

68
écriture

▶ ÉCRIRE LA LETTRE f ET DES MOTS

Comme Léo, entraîne-toi à écrire la lettre f en suivant bien les modèles.
Puis recopie les mots.

f f f f   f f f f f

f
f
f

la ferme

69
maths

▶ RECONNAÎTRE DES FORMES

Colorie :
- les rectangles 🟨 en jaune
- les ronds 🟢 en vert
- les carrés 🟪 en rose
- les triangles 🔺 en rouge

70
lecture

▶ RETROUVER UNE MÊME LETTRE DANS DIFFÉRENTS MOTS

Entoure la lettre **O** chaque fois que tu la trouves dans un nom d'animal.

le mouton

le cochon

la poule

le chiot

le caneton

le coq

le poussin

l'oie

71
écriture

▶ ÉCRIRE LES LETTRES h ET k ET DES MOTS

Comme Léa, entraîne-toi à écrire les lettres h et k en suivant bien les modèles. Puis recopie les mots.

h h

ch ch

k k

Kikou le chat

72
maths
▶ COMPTER JUSQU'À 12

Compte les vaches, puis les moutons et enfin les canards. Écris à chaque fois le nombre dans la case correspondante.

| 1 | 2 | 3 | 4 | 5 | 6 | 7 | 8 | 9 | 10 | 11 | 12 |

73
lecture

▶ RETROUVER L'ORDRE D'UNE HISTOIRE

Retrouve l'ordre de la naissance du poussin en numérotant les images de 1 à 5.

74
écriture

▶ ÉCRIRE LES LETTRES j ET g ET DES MOTS

Comme Léo, entraîne-toi à écrire les lettres j et g en suivant bien les modèles.
Puis recopie les mots.

la jolie grange

75
découverte

▶ SE REPÉRER DANS L'ESPACE – UTILISER LES NOTIONS GAUCHE / DROITE

Colorie en jaune les paniers tenus dans la main droite et en bleu les paniers tenus dans la main gauche.

76
lecture

▶ RECONNAÎTRE UN MOT DANS DIFFÉRENTES ÉCRITURES

Observe le nom écrit à chaque porte.
Puis retrouve l'autocollant du même nom écrit en cursive et colle-le en dessous.

Vic

Primevère

Châtelain

Clip

Mistral

Eclair

77
écriture

▶ ÉCRIRE LES LETTRES v ET w ET DES MOTS

Comme Léa, entraîne-toi à écrire les lettres v et w en suivant bien les modèles. Puis recopie les mots.

la vache

le wagon

78
lecture
▶ COMPARER DES IMAGES

Trouve l'œuf identique à celui qui est encadré et entoure-le.

maths

▶ ADDITIONNER ET SOUSTRAIRE

Léo et Léa ont 13 œufs et 13 poules en chocolat.
Dessine les œufs qui manquent pour qu'il y en ait 13.
Barre les poules en trop pour qu'il y en ait 13.

| 1 | 2 | 3 | 4 | 5 | 6 | 7 | 8 | 9 | 10 | 11 | 12 | 13 | 14 | 15 |

80
écriture

▶ ÉCRIRE LES LETTRES y ET z ET DES MOTS

Comme Léo, entraîne-toi à écrire les lettres y et z en suivant bien les modèles.
Puis recopie le mot.

y y

z z

y z, y z,

Myrza

81
maths

▶ SE REPÉRER SUR UN CALENDRIER

Sur ce calendrier du mois de mai, indique la date des événements écrits ci-dessous. Pour cela, place les autocollants dans les bonnes cases.

Hier, nous préparions notre valise.

Demain, nous irons à la plage.

Dans 3 jours, nous visiterons un grand aquarium.

Dans 5 jours, nous ferons du bateau.

Dans 8 jours, nous reprendrons le train pour rentrer à la maison.

1	2	3	4	5	6	7
8	9	10	11	12	13	14
15	16	17	18	19	20	21
22	23	24	25	26	27	28
29	30	31				

82
lecture

▶ RECONNAÎTRE LA SYLLABE « MA »

Regarde si ces mots contiennent la syllabe « ma ».
Si tu la vois, entoure-la.

pyjama

masque

malle

seau

maillot de bain

pull marin

canard

matelas pneumatique

83
écriture

▶ ÉCRIRE UNE PHRASE

Recopie la phrase.

Voici la plage.

84
maths

▶ REPRODUIRE DES FORMES EN LES TRAÇANT À LA RÈGLE

Pour faire le même bateau,
relie les points entre eux comme sur le modèle.
Utilise ta règle pour que tes traits soient droits.

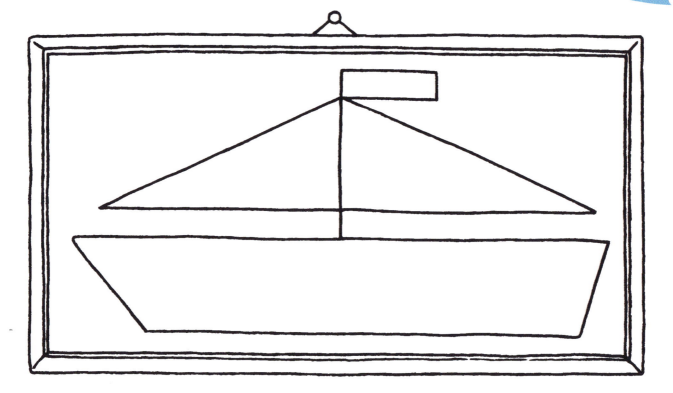

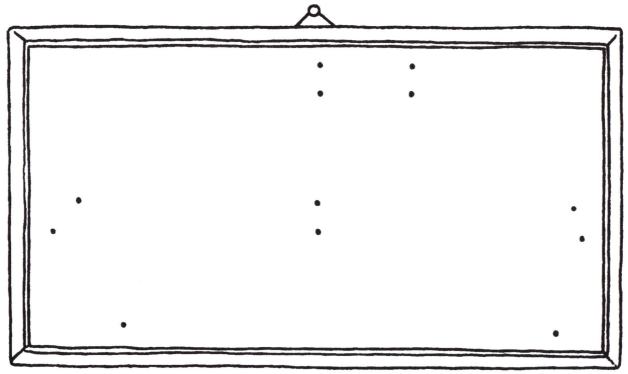

85
lecture

▶ DISTINGUER DES SONS RESSEMBLANTS « P » ET « B »

Colorie les dessins en bleu si tu entends le son « b » et en rouge si tu entends le son « p ».
Si tu entends les deux sons, le dessin sera bleu et rouge.

86
écriture

▶ ÉCRIRE UNE PHRASE

Recopie la phrase.

Léo regarde la mer.

87 maths

▶ COMPOSER DES SUITES DIFFÉRENTES À PARTIR DES MÊMES MOTIFS

Observe les trois motifs qui composent le modèle et utilise-les pour décorer les autres phares. Mais attention, les six phares doivent être tous différents !

88 lecture

▶ COMPARER DES MOTS RESSEMBLANTS

Pour chaque groupe de mots, entoure la lettre qui est différente.

sable   poisson
table   boisson

pelle   vent   bain
belle   vert   main

poulpe   mer
poulie   mur

89
écriture

▶ ÉCRIRE DES PHRASES

Recopie les phrases.

Les poissons nagent.

Les mouettes volent.

90 maths

▶ RANGER DANS L'ORDRE CROISSANT OU DÉCROISSANT

Complète la famille de poissons du plus petit au plus grand.
Colle les autocollants dans le bon ordre.
Puis colle les autocollants des amis du crabe du plus grand au plus petit.

91 lecture

▶ RECONNAÎTRE DES MOTS DANS UN TEXTE

Sur la carte de Léo et Léa, retrouve et entoure le mot **mer** chaque fois que tu le vois. Fais de même avec le mot **Nous**. Sur la carte de la maîtresse, retrouve et entoure le mot **mer**. Fais de même avec le mot **enfants**.

Cher papa et chère maman,

Nous sommes arrivés à la mer !

La mer est froide. Aujourd'hui, il fait beau et la mer est bleue. Nous allons peut-être faire une promenade en mer.

Nous vous embrassons très fort.

Léo_Léa

Les enfants ont fait un bon voyage.

Ils se baignent dans la mer tous les jours.

Certains enfants apprennent à nager.

La maîtresse

92
écriture

▶ ÉCRIRE DES PHRASES

Recopie les phrases.

Regarde les bateaux !

Ils rentrent au port.

maths

▶ COMPTER JUSQU'À 20

Pour chaque groupe, compte le nombre de coquillages et écris ce nombre dans la case.
Entoure en vert le tableau où il y a le plus de coquillages et en rose celui où il y en a le moins.

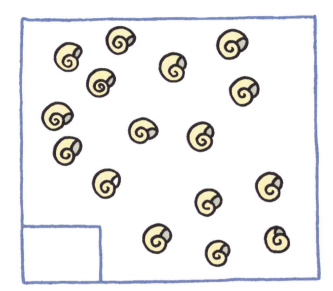
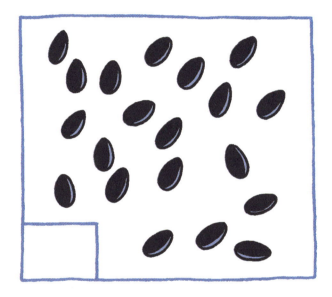

| 1 | 2 | 3 | 4 | 5 | 6 | 7 | 8 | 9 | 10 | 11 | 12 | 13 | 14 | 15 | 16 | 17 | 18 | 19 | 20 |

94 lecture

▶ REPÉRER LA PLACE D'UN MOT DANS UNE PHRASE

Lis le premier texte.
À l'aide des autocollants, retrouve les mots disparus et colle-les au bon endroit.

Demain retour de la classe de mer.

Arrivée gare Montparnasse à 18 heures.

Rendez-vous pour tout le monde

devant l'école à 19 heures.

Demain retour de la classe de ☐.

Arrivée gare ☐ à 18 heures.

Rendez-vous pour tout le monde

devant ☐ à ☐.

95
écriture

▶ ÉCRIRE DES PHRASES

Recopie les phrases.

J'ai fini mon cahier.

Au revoir Léo et Léa !

Achevé d'imprimer par EUROGRAFICA - Italie.
Dépôt légal n° 80411 - Novembre 2007

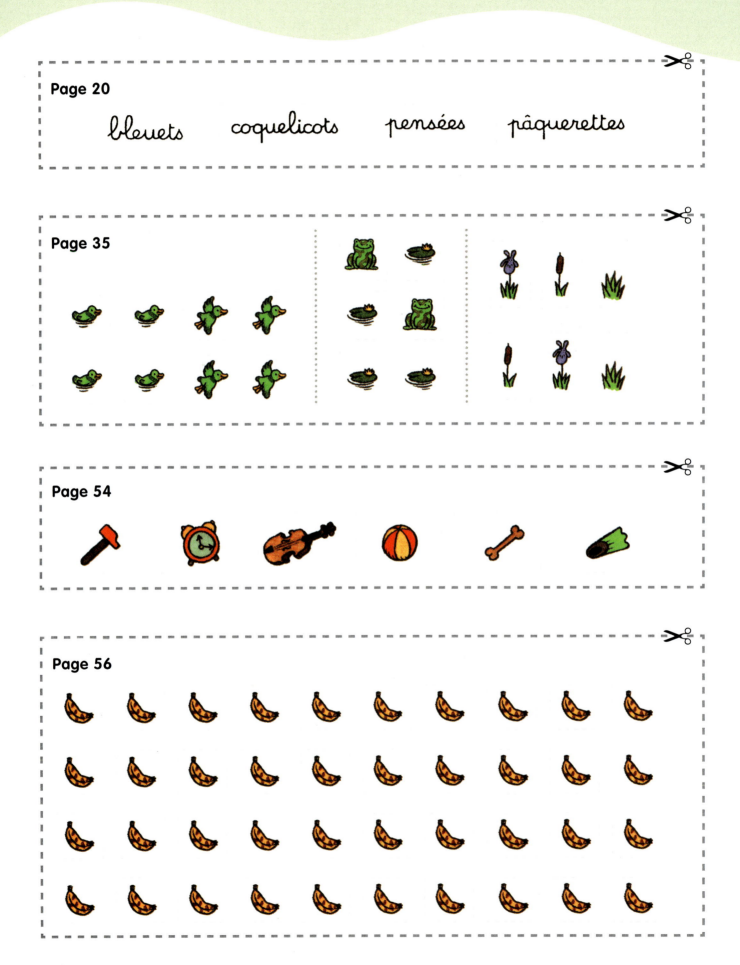